El Muerto en el Armario

(Skeletons in the Closet)

Novel by

A.C.Quintero

Artwork by Jisseth Fierro

Agradecimientos

Quisiera agradecerles a todos los que han formado parte de este gran proyecto. Me gustaría agradecer personalmente a los siguientes colaboradores que han contribuido a la publicación de esta novela.

Agradezco a C.J. Quintero (Colombia) por su colaboración y por su contribución a la novela.

Agradezco a Diego Ojeda (Colombia) por su atención a los detalles más mínimos y su épico sentido de humor.

Un abrazo a Sandra Prieto (Colombia) por su colaboración especial.

Me gustaría agradecer a Angel Piedra (Ecuador) por trabajar en los primeros manuscritos.

También me gustaría agradecer a N. Hughes que me hizo caer en cuenta de la importancia de escribir novelas comprensibles para los estudiantes.

Me gustaría agradecer a Eva Delaguéz (España) por sus revisiones incisivas y apoyo durante el proceso.

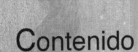

Todos tenemos secretos...

Contenido

Capítulo 1
Los mejores amigos

Camilo y Juan eran mejores amigos. Hacían todo juntos. Les gustaban los deportes y eran parte del equipo de **lucha libre**[1] de su escuela. También les gustaba ir a las fiestas...a las fiestas locas. Como eran tan buenos amigos, sabían todo sobre la vida del otro. Bueno, **casi**[2] todo...

Últimamente[3], Camilo jugaba al rol del «psicólogo» para una de sus amigas: Liliana. Ella tenía problemas con su novio e iba a la casa de Camilo para hablar sobre sus problemas. Él, como un buen amigo, siempre la escuchaba. Pero **las cosas**[4] se complicaron y muy rápido. Un día, después de conversar, **se dieron cuenta de que**[5] sentían una atracción mutua y se besaron.

---

[1] wrestling

[2] almost

[3] lately

[4] things

[5] they realized that

La primera vez que se besaron, ellos no pensaron mucho en el beso. Pensaron que fue un accidente o «una cosa del momento». Pero el problema fue que les gustó tanto el beso que se besaron una y otra vez.

El beso, **aunque**[6] romántico, era problemático. Era problemático por razones muy importantes:

1. Camilo ya tenía una novia: Salomé.

2. Liliana era la mejor amiga de Salomé.

3. Juan era el mejor amigo de Camilo.

4. Liliana era la novia de Juan.

¡Qué problema! La situación se complicó más aun, cuando Salomé descubrió su relación secreta. Como resultado, Camilo y Liliana tenían mucho miedo de que ella se lo dijera todo a Juan.

---

6 although

El dormitorio de Camilo

Camilo y Liliana estaban en el dormitorio de Camilo hablando sobre su relación secreta.

–No podemos decirle nada ahora –dijo Camilo.

–Entonces, ¿cuándo? Él tiene que saber –respondió Liliana.

–Es verdad, pero es mi mejor amigo. No se lo puedo decir... así. Además, tiene una personalidad muy explosiva. Hay que tener mucha precaución con Juan. Voy a pensar en algo mi amor –dijo Camilo, al besar a Liliana.

En ese momento, escucharon que alguien hablaba con la madre de Camilo.

–¿Quién está hablando con tu madre? –preguntó Liliana.

–No sé –dijo Camilo mientras escuchaba la conversación. Él intentaba identificar la voz de la persona.

De repente, escuchó que la voz de su madre estaba muy cerca.

–Camilo está en su dormitorio. Últimamente está hablando solo. Le gustaría verte –dijo la madre a la persona.

La expresión de Camilo cambió rápidamente. Miró a Liliana, y le gritó:

–¡**Escóndete**[7] en el armario!

–¿Por qué? –preguntó Liliana.

–¡Es Juan! –dijo Camilo, nervioso.

Ella entró rápidamente al armario y se escondió. Tan pronto que ella cerró la puerta del armario, Juan entró al dormitorio de Camilo. Juan entró, riéndose todavía de los comentarios de la señora Bermejo.

–Camilo, ¿estás aquí hablando solo? –preguntó Juan, refiriéndose a los comentarios de su madre.

Juan miró a Camilo con una expresión muy seria.

–Hola, ¿qué tal? –dijo Camilo en un tono nervioso.

---

[7] hide

–Pues nada…¿Por qué te fuiste tan rápido de la escuela hoy? –preguntó Juan, caminando por la habitación de Camilo.

–Tuve que llegar a casa…¿Por qué me lo preguntas? ¿Pasa algo?

En ese momento, hubo una pausa incómoda en la conversación.

–Tenemos que hablar. Pensé que podíamos confiar el uno del otro. Pensé que yo sabía todos tus secretos. Pero, hay secretos tuyos que son muy escandalosos –dijo Juan en una voz seria.

Camilo se puso aun más nervioso. De todos sus secretos, había uno que no podría decirle a Juan: Liliana, la novia de Juan, estaba escondida en el armario.

Juan lo miró y después miró hacia el armario y le dijo:

—Camilo, hablé con Salomé y sé que tienes un «**muerto**» **en el armario.**[8]

—No tengo ningún muerto en el armario...No sé de qué habla Salomé. Ella es una **chismosa.**[9]

—Encontré tu móvil en la escuela. ¿Por qué tu **contraseña**[10] es el cumpleaños de Liliana?

Camilo tenía que pensar en algo rápido.

—¿Es su cumpleaños? Qué raro. También es el primer día de clases. Es más fácil de recordar.

Cuando Liliana escuchó lo del móvil, se puso muy nerviosa porque ella había escrito muchos mensajes románticos a Camilo.

—¿Ahora eres espía? Es una invasión de mi intimidad–dijo Camilo–. Dame mi móvil.

—Pues, eso no es todo. Leí tus mensajes de texto —confesó Juan.

—¿Leíste mis mensajes de texto? ¿Quién eres Juan?

—¿Quién eres tú Camilo? Me decepcionaste mucho. Pensé que éramos como hermanos. ¿Por qué no me dijiste la verdad?

Camilo lo interrumpió:

---

[8] skeleton in the closet

[9] gossipy girl

[10] password

–Juan, perdón…No fue mi intención. Yo siempre la ayudaba con sus problemas, hablábamos mucho y naturalmente empezó una atracción. No quería una relación con ella, pero la quiero de verdad.

–¿Cómo lo descubrió Salomé? –preguntó Juan.

Camilo estaba sorprendido por la actitud de Juan. Él pensó que Juan le iba a **golpear**[11] cuando descubriera la verdad.

–Es una larga historia. Lo siento –dijo Camilo–. Te lo iba a decir, te lo juro.

–¿Lo sientes? –dijo Juan.

Juan se levantó de la cama rápidamente como si fuera a golpearle a Camilo. Camilo se cubrió la cara, anticipando el golpe de Juan.

Juan lo miró, y le preguntó:

–¿Por qué te cubres la cara? Solo quiero **darte la mano**[12].

–¿Quieres darme la mano? –le preguntó Camilo, confundido.

–Pues sí, ¡vaya! Tienes dos chicas. ¿Por qué no me dijiste que tenías otra chica? Pensé que hablábamos de todo. Cuando vi que tenías mensajes de una tal

---

[11] hit

[12] congratulate you

«Ana», me sorprendí mucho ¿Quién es? ¿Cómo la conociste? –le preguntó Juan.

Camilo estaba totalmente confundido. Tomó el móvil y miró en sus mensajes. Vio el nombre de Ana. En ese momento recordó que había programado el nombre de «Liliana» como «Ana» en su móvil. Afortunadamente, la **mentira**[13] funcionó.

–No la conoces –le mintió Camilo.

–Hermano, ¡tienes tus secretos! –dijo Juan, quitándole el móvil de nuevo–.Necesito tu móvil para descubrir los otros secretos que tienes.

–Juan, dame mi móvil –ordenó Camilo.

–Pues, no. Creo que puedo aprender mucho de ti, ¡tigre!

Juan miró el móvil y le dijo a Camilo:

–Después de eso, no puede haber más secretos entre nosotros. Somos hermanos –dijo Juan en un tono muy serio.

Camilo miró hacia el armario.

–Vale…No voy a tener más secretos, hermano.

–Pues, vámonos a la sala –sugirió Camilo.

Él quería salir del dormitorio cuanto antes, pero Juan no le respondió.

---

[13] a lie

–Juan, vámonos. Quiero tomar una limonada con el calor que hace –dijo Camilo.

Juan miró a Camilo y le dijo.

–No solo he venido para darte el móvil. Necesito hablar contigo sobre otras cosas –dijo Juan.

–¿De qué? Ya sabes todos mis secretos –rio Camilo nerviosamente.

–Quiero hablar sobre Liliana. Creo que ella me **está poniendo los cuernos.**[14]

Camilo miró hacia el armario y el miedo le invadió de nuevo.

---

[14] cheating on me (Idiom)

Capítulo 2
Aquí hay un gato encerrado[15]

Camilo estaba sorprendido de escuchar esas palabras de Juan. Lo irónico fue que Camilo era el «otro» chico.

—Ella es muy diferente ahora. Parece que otro chico tiene el corazón de Liliana. Ya no le gustan mis besos. ¿Crees que ella me está poniendo los cuernos? —le preguntó Juan a Camilo.

---

[15] there is something fishy going on

—No, no creo que Liliana te esté poniendo los cuernos —mintió Camilo.

—Tienes razón…, pero Salomé me dijo algo interesante en clase hoy. Me dijo «**Las apariencias engañan[16]**». ¿Qué quiere decir con eso? –preguntó Juan.

—Salomé es una chismosa —respondió Camilo.

Juan lo miró intensamente y le continuó hablando.

—En estos días tuve mucho tiempo de pensar y quiero ser honesto con Liliana. **¿Te acuerdas[17]** de mi relación secreta con Juliana? –le preguntó Juan

—Sí, claro. Pensé que te gustaba —respondió Camilo.

—Esa relación fue una estupidez y no significó nada para mí. Ojalá que Juliana nunca le diga nada a Liliana –rio Juan–. Ahora sé que Liliana es mi chica ideal.

—Liliana es una buena chica —dijo Camilo.

—Hermano, gracias por escuchar. Confío en ti. Eres honesto, **leal[18]**, sincero y un muy buen amigo. Sé que me puedes ayudar con todo esto —admitió Juan.

---

[16] appearances are deceiving

[17] Do you remember…?

[18] loyal

–Claro, estoy aquí para ti –prometió Camilo, mirando hacia el armario.

En ese momento, la madre de Camilo entró al dormitorio.

–Chicos, la comida está servida: ¡**Paella**[19] con mariscos! –anunció ella.

Los chicos se levantaron todavía hablando cuando escucharon **un ruido**[20] que venía del armario. Juan miró a Camilo y le dijo:

–Hermano, de verdad tienes un muerto en el armario.

Antes de que Camilo **pudiera impedirlo**[21], Juan caminó hacia la puerta del armario. Liliana se escondió muy bien. Ya estaba a punto de **estornudar**[22] por la alergia al gato. Camilo se puso pálido. Todo pasó en **cámara lenta.**[23] Juan abrió la puerta lentamente y miró dentro del armario.

–¡NO ME LO PUEDO CREER!- gritó Juan.

El corazón de Camilo se le cayó al estómago.

---

[19] Spanish dish

[20] sound/noise

[21] before he could stop him

[22] to sneeze

[23] slow-motion

Juan giró y miró intensamente a Camilo. En ese momento tan tenso, Camilo había recordado las palabras de su padre:

«Si juegas con fuego, tarde o temprano te vas a quemar».

Juan **se agachó**[24], mirando intensamente en el armario y le dijo:

—Aquí hay un gato encerrado.

Juan miró a Camilo otra vez.

—Camilo, tienes dos chicas y un gato adorable. Ven gatito, ven gatito —le dijo Juan, llamando al gato de Camilo.

El gato salió y empezó a tocar la pierna de Juan.

—Miau, miau —hizo el gato.

—Tú gato tiene hambre —le dijo Juan, mirando algo que el gato tenía en la boca; era el **moño**[25] de Liliana.

Juan lo levantó para verlo mejor.

—Camilo, tu gato está descubriendo todos tus secretos…¡Eres un tigre! —le dijo Juan, riéndose.

Pero, Camilo no se rio. Él estaba a punto de tener un ataque de pánico.

---

[24] bent down

[25] hair tie

Su madre regresó y les recordó:

–La comida ya está servida ¡Vengan ya y traigan al gato que lo estaba buscando!

–¡A comer! –dijo Juan.

Capítulo 3
El sótano

Por fin, Liliana estaba tranquila. Camilo y Juan habían salido del dormitorio. Afortunadamente, Juan todavía no sabía su secreto. Ella se movió un poco para salir del armario, cuando vio **un hueco**[26] en el piso del armario. Miró a través del hueco y vio algo sorprendente. Había un laboratorio en el **sótano**[27] de Camilo.

Ella quería salir inmediatamente del armario, pero el misterio del sótano la intrigaba mucho. Por el hueco, vio unas **máquinas extrañas**[28] e instrumentos que normalmente estarían en un hospital.

«¿Qué es todo eso?», pensó ella al observar las máquinas.

De repente, vio a dos personas allí. Estuvieron hablando. Uno de los hombres era el padre de Camilo pero ella no pudo verle la cara del otro. Ella los miraba y escuchaba secretamente.

–En unos días estará lista para «la extracción» –dijo Luciano.

---

[26] hole in the floor

[27] basement

[28] weird machines

–Bueno, eso me gusta...¿No tienes otro paciente **moribundo**[29]? –dijo el otro hombre.

–¿Otro joven? No...Hay que provocar un accidente o algo. Pero no aquí. Vamos al otro pueblo. Dos jóvenes desaparecidos es mucho para el pueblo – respondió Luciano.

–Es cierto, no queremos levantar sospechas...por lo menos ahora. Es mejor esperar hasta que empecemos con el gran experimento –dijo el hombre.

Liliana escuchaba con la boca abierta.

«¿Qué quiere decir la extracción?», «¿De qué estará hablando el padre de Camilo?». «¿Qué quiere decir con *el gran experimento*?» pensó Liliana.

–Hay que terminar pronto. Mi mujer está preparando la cena –dijo Luciano, al caminar hacia otro lugar del sótano.

En ese instante, ella vio a una tercera persona en el sótano. Era una mujer.

La mujer estaba sobre una cama de hospital. Miraba intensamente a la mujer, cuando notó que ella no se movía. Liliana se cubrió la boca. Pensando en «la extracción», intentó comunicarse con la mujer.

–Hola. ¿Estás bien? –dijo Liliana a través del hueco.

De repente **los párpados**[30] de la mujer se abrieron. Liliana la miró fijamente y se asustó.

–¡Caray! –gritó Liliana–. ¡Ay, no tiene ojos! –dijo Liliana al mirarle la cara.

Los hombres escucharon el grito de Liliana. Caminaron donde estaba el hueco. Miraron hacia

---

[30] eyelids

arriba, directamente a Liliana. Ella se asustó. Se fue **gateando**[31] rápidamente del armario. Ya no le preocupaba si Juan la veía o no. Salió respirando fuertemente, sintiéndose **entre la espada y la pared.**[32]

–¿Qué fue eso?…pensó ella, al salir del armario.

Mientras tanto, Juan y la madre de Camilo escucharon el ruido que venía del dormitorio de Camilo.

–¿Qué fue eso? –preguntó Juan.

–Tranquilos, voy a ver qué fue –dijo Camilo, al levantarse de la mesa.

---

[31] crawling

[32] Between a rock and a hard place: Between the sword and the wall

Camilo entró al dormitorio para ayudar a Liliana.

–Pensé que ya te habías ido. Tienes que irte. Juan todavía está aquí –dijo Camilo.

–Camilo, esto es increíble…No puedo creer que…

Camilo la interrumpió porque él pensó que ella estaba hablando sobre la relación «secreta» de Juan y Juliana, que Juan acababa de confesar.

–No quería decirte nada, pero él te puso los cuernos primero –dijo Camilo en voz baja.

Liliana casi no podía hablar.

–Camilo, no se trata de Juan–dijo ella respirando fuertemente, mirando hacia el armario–.Vi a tu padre, allí en el sótano…Hay una mujer…Parece estar dormida o…muerta. Hay una extracción…¡No sé qué está pasando! –le dijo Liliana histérica.

–Cálmate, tienes que irte ahora. Juan te va a escuchar –le advirtió Camilo.

En ese momento, Juan gritó desde el comedor.

–¿Todo bien Camilo? ¿Necesitas ayuda?

–¡No!…Se cayó algo en mi dormitorio –mintió Camilo–. Ya voy.

–Hijo, ven… –gritó su madre desde el comedor.

–Ya voy mamá. Estaré allí en unos minutos –respondió Camilo.

–Camilo, tienes que mirar en el armario. Hay algo extraño pasando en tu casa –dijo Liliana, exasperada.

Camilo entró al armario y miró en el lugar donde le indicó Liliana.

–No veo nada –respondió él.

–¿¡No ves el laboratorio allí en tu sótano!? –exclamó Liliana.

–Sí, claro, mi papá tiene un laboratorio pequeño porque hace experimentos e investigaciones para la universidad.

Él continuó mirando.

–Todo me parece normal…¡Espera! –dijo en una voz tensa–. Veo algo.

–¿Qué ves? –preguntó Liliana.

–Es mi gato. ¿Cómo llegó al sótano tan rápido? Mi padre siempre tiene la puerta cerrada con **seguro**[33] –dijo Camilo.

Liliana lo apartó del armario y ella miró por el hueco otra vez. Era verdad: no había nada. No había ninguna mujer.

–Camilo, te juro que yo vi…

Camilo la interrumpió:

---

[33] lock/secured

–Lili, tienes que irte ya. **Sal**[34] por la ventana –le dijo Camilo.

–Te llamo más tarde...– dijo Liliana nerviosamente.

–¡Ay no! No me llames...Juan todavía tiene mi móvil –dijo Camilo.

–Hablaremos mañana en la fiesta. Es más seguro hablar en persona –comentó Camilo.

Ella tomó sus cosas y salió por la ventana.

Camilo regresó rápidamente al comedor. El aroma de la comida de su madre era muy bueno. Era la combinación de **camarones**[35], calamares, **cebolla**[36] y **mejillones**[37] al vino blanco. Su madre era la mejor cocinera del pueblo. Su restaurante *Fusión Cultural* tenía platos de varios países latinos.

---

[34] leave

[35] shrimp

[36] onion

[37] mussels

–Ma, la comida **huele**[38] rico –dijo Camilo, intentando calmarse.

–Gracias, hijo– respondió la madre.

–¿¡También, tenemos Sangría!? –exclamó Camilo.

–Es para tu papá y yo. Quita tus manos de allí –le dijo su madre.

Juan se rio, mirando la expresión de Camilo.

Camilo estaba comiendo cuando notó que su padre aún no estaba en la mesa.

–Y papá, ¿Todavía está en su «laboratorio»? –dijo Camilo, riéndose.

–No está allí. Salió hace unos minutos. ¿No lo viste? Estaba fuera de la ventana de tu dormitorio, fumando un cigarrillo. Él piensa que no sé de su hábito de fumar. Pero ¡lo vi fumando el otro día! –le dijo la madre mientras ponía más paella en el plato de Juan–. ¡Los doctores no deben fumar!

–Gracias, señora –le dijo Juan, al recibir la comida.

Camilo dejó de comer. Otra vez, el miedo le invadió y pensó inmediatamente en la última conversación con Liliana.

«Sal por la ventana».

---

[38] smells

Se levantó y corrió hacia su dormitorio como si fuera un puma. Llegó y vio que la ventana aún estaba abierta. Liliana ya se había ido.

–«¡Qué bueno!», pensó Camilo.

Miró hacia afuera de la ventana y vio el **humo**[39] del cigarrillo. Cuando el humo se desapareció, vio la cara furiosa de su padre. Su padre lo miró seriamente y le dijo:

–Camilo, tú y yo tenemos que hablar.

---

[39] smoke

Capítulo 4
El encuentro

Su padre terminó de fumar. **Tiró**[40] el cigarrillo y entró en la casa. Fue directamente al dormitorio de su hijo.

Él tenía miedo de que Liliana **hubiera visto**[41] su «operación secreta» en el sótano. Así que su padre quería darle a Camilo una lección sobre «las normas» de la casa:

—¡Camilo! —gritó su padre—. No puedes tener una chica en nuestra casa sin el permiso de nosotros. No son las normas de esta familia. Se lo voy a decir a Juan también. Él debe saber las normas de esta casa.

—Sí pa, pero...hay un...

Su padre lo interrumpió:

—¡Pero nada!

Su padre caminó hacia la puerta del dormitorio.

—Vamos a comer que tu madre ha preparado una cena suculenta —le dijo el padre.

—Pa, Juan no sabe que Liliana estuvo aquí —admitió Camilo.

---

[40] threw

[41] had seen (subjunctive)

—¿Qué dices? O sea, ¡¿tu otra chica es la novia de Juan?!–gritó su padre–. Camilo, esperaba más de ti. ¿Cómo puedes ser tan irresponsable?

—Todo fue un error –dijo Camilo.

—¿Un error? Él es tu mejor amigo y los amigos no **se traicionan.**[42] Pues, hablamos de esto más tarde, ahora tenemos que ir a comer.

Los dos salieron del dormitorio cuando Camilo notó **ceniza**[43] negra en la mano de su padre.

En ese instante, recordó la conversación con Liliana.

—Pa, ¿qué es eso en tu mano? –le preguntó Camilo examinado la ceniza.

---

[42] betray each other

[43] ash

–...Es carbón de la **parrilla**[44]. La toqué cuando salí a fumar –mintió Luciano.

Camilo miró fijamente a su padre.

–¿Por qué me miras así? –preguntó Luciano, curioso.

–¿Tienes a alguien en el sótano? ¿Una mujer? –preguntó Camilo.

–¿Estás loco? ¿Qué insinúas? –respondió Luciano, furioso.

–No «una mujer» pero, una paciente. Cuando Liliana salió estaba muy **alterada**[45]. Creyó haber visto a una mujer en el sótano –mencionó Camilo.

«¡Rayos! Ella le contó sobre Alina», pensó el padre.

–Estoy...diseñando un brazo robótico para una conferencia sobre las innovaciones médicas. Quizás eso es lo que vio.

–¿Ella dijo algo más? –preguntó Luciano.

–No, pero estaba casi segura de lo que vio –dijo Camilo.

–Pues, ¡ella tiene que preocuparse por sus relaciones secretas y no estar imaginando cosas!

---

[44] grill

[45] bothered

–exclamó Luciano, furioso–. Además, estás castigado. Quiero tu móvil, computadora, videojuegos y no puedes salir este fin de semana.

–¿Qué? Tengo 17 años. ¡Tú no me puedes hacer eso!

–¿Ay que no? ¡Soy tu padre!

Al regresar al comedor. Luciano le mandó un mensaje de texto a su amigo:

> Hay que **callar** a esa chica como sea. Nos faltan unos días para la extracción y no lo podemos arriesgar. Ella está en tus manos. Sabes lo que tienes que hacer...

Durante la cena, Luciano mandaba muchos mensajes de texto. A su esposa no le gustó nada de eso.

–Mi amor, **guarda**[46] el móvil, ¡eres peor que los chicos!

–Perdón, asuntos del trabajo –dijo Luciano al guardar el móvil.

Todos comieron y comentaban sobre lo deliciosa que estuvo la cena. Después de comer, Camilo y Juan caminaron hacia la puerta principal

---

[46] put away

de la casa. Camilo abrió la puerta, pero Juan no salió inmediatamente. Se quedó un momento mirando a Camilo.

–Camilo, yo estoy muy **agradecido**[47] por nuestra **amistad**[48] –dijo Juan.

Camilo no sabía qué decir. Se sentía un poco triste porque estaba traicionando a Juan, su mejor amigo.

–No digas nada, hermano. Yo aprecio la relación que tenemos. Te quiero como si fueras mi propio hermano –dijo Juan, al abrazar a Camilo.

Con ese discursito tan emotivo, Juan se fue de la casa. Camilo cerró la puerta y cuando **giró**[49], su padre estaba allí, mirándolo.

–Ese chico te quiere como un hermano y lo traicionas –le dijo Luciano.

–Lo voy a solucionar, te lo prometo –comentó Camilo.

–Más te vale. Te dije que «Si juegas con fuego, tarde o temprano te vas a quemar» Pues, hijo, ahora «te estás quemando».

---

[47] grateful

[48] friendship

[49] turned around

Camilo pensó en la recomendación de su padre. Pero, Camilo no era la única persona con un muerto en el armario. Su padre, tenía el armario lleno de muertos, y muertos de verdad.

Capítulo 5
La curiosidad mató al gato

Después de salir por la ventana, Liliana tuvo una conversación bastante incómoda con Luciano, el padre de Camilo. Cuando él la vio salir por la ventana, estaba muy furioso.

Él se puso más furioso aún, cuando ella le preguntó sobre la mujer en el sótano, él le respondió:

«Tú no viste nada».

Pero ella continuaba insistiendo.

«Vi a una mujer y los escuché hablar sobre una extracción. ¿De qué se trata? ¿Quién es usted?» preguntaba Liliana.

«La única extracción va a ser la tuya si no te callas», le dijo su padre.

Sin embargo, la parte más **escalofriante**[50] de la conversación fue cuando Luciano se acercó a Liliana y le dijo:

«La curiosidad mató al gato».

Liliana lo miró con una expresión aterrada y se fue corriendo hacia el café.

---

[50] bone-chilling

Llegó nerviosa al café. Se sentó con los ojos cerrados. Quería calmarse antes de su reunión con Juan. Cuando abrió los ojos, gritó:

–¡Caray!

Liliana estaba a punto de tener un ataque de pánico. El mismo hombre que hablaba con Luciano en el sótano, estaba afuera del café. Ella lo miró con los ojos grandes. Él también la miró. Después se fue rápidamente. Fue como si él desapareciera por arte de magia. Liliana salió del café mirando hacia la dirección que había ido el hombre.

Al lado del café, había un chico.

–¿Viste al hombre que estuvo aquí hace unos minutos? No sé si estoy imaginando cosas, pero…

–No te estás imaginando cosas…El hombre estuvo aquí–le dijo el chico.

–¿Cómo? O sea, ¿el hombre se desapareció por completo?

–Lo viste con tus propios ojos –dijo el chico.

Liliana intentaba comprenderlo todo, pero no comprendía lo que estaba pasando.

Ella miró muy bien al chico.

–Eres el vecino de Camilo, ¿verdad? –confirmó Liliana.

–Sí, soy Nico.

–Me llamo…

—Liliana Vega —le dijo él.

Liliana lo miró intensamente.

—¿Cómo sabes mi nombre? ¿Camilo te lo ha dicho? —le preguntó Liliana.

En ese momento, Nico la agarró por el brazo:

—Sé quién eres —le advirtió.

—¡Suéltame! ¡Me estás lastimando el brazo! —gritó Liliana.

—Ese hombre te quiere hacer **daño**[51]. Él solo sigue a las personas que...ellos han marcado...**Estás en peligro**[52].

—¿Qué dices? Suéltame, **Patán**[53] —gritó Liliana.

—Por tu bien, tienes que irte conmigo. Ellos van a venir por ti...

---

[51] harm

[52] you're in danger

[53] jerk

–No tengo que irme contigo. ¿De qué hablas?
–exclamó Liliana.

Nico la agarró aun más fuerte. La acercó más a él y le dijo un secreto. Mientras él le hablaba, los ojos de Liliana se **agrandaron**[54]. No podía creer lo que él le estaba diciendo.

Poco después, la soltó y se fue corriendo. Ella se quedó inmóvil por la información que le dijo Nico. Parecía como una zombi, mirando la luna y pensando en cada palabra que le dijo:

«Tu padre sabía información muy importante… La muerte de tu padre no fue ningún accidente».

En ese mismo momento, ella sintió otra presencia. Antes de que pudiera mirar, alguien la agarró y le cubrió la boca.

---

[54] got bigger

–Hola mi amor. Perdóname por llegar tarde. Estaba en la casa de Camilo –dijo Juan.

   –Está bien –dijo Liliana.

   –¿De dónde vienes tú? –le preguntó Juan.

   –La biblioteca…tuve que hacer un reporte.

   –¿Entramos? Quiero hablar contigo…No he sido el novio ideal. Lo siento.

   Los dos entraron al café para hablar sobre su relación.

Capítulo 6
El periódico

Al día siguiente, Liliana estaba en la cama, no pudo dormir la noche anterior. Estuvo despierta, toda la noche pensando en todo que le había pasado.

«¿Era amigo de mi padre?», «¿Qué quiere decir que la muerte de mi padre no fue un accidente?», «¿Qué información sabía mi padre?», pensaba ella.

De repente, escuchó una notificación del móvil. Ella se levantó, agarró su móvil. Vio que su móvil tenía muchas notificaciones. Entró en su cuenta de Instagram y vio unas fotos que Salomé había publicado. Ella también había **etiquetado**[55] a Liliana. Las fotos eran recientes, cuando todavía eran amigas. Pero, por debajo de las fotos, decían cosas feas como:

#Liliana es una amiga falsa

#Odio a Liliana

#Es una serpiente

#Las apariencias engañan

Por suerte, Salomé no había mencionado nada sobre la relación secreta que Liliana tenía con

---

[55] tagged

Camilo. Todos le escribían mensajes, preguntando sobre su relación con Salomé. Pero, Liliana ya no quería leer más. Tiró el móvil y como resultado, dañó la pantalla del móvil.

–¡Rayos! –gritó ella, al ver que su móvil estaba dañado.

–¡Esto es lo que me faltaba! –dijo con mucha frustración.

De repente, ella escuchó voces en la cocina. Miró el reloj, eran las ocho de la mañana. Ella estaba curiosa de quién visitaba la casa por la mañana. Bajó las escaleras y se acercó a la cocina. Había un hombre alto hablando con su madre. Ella entró, con la excusa de tomar café. El hombre giró y habló con Liliana.

–Hola –dijo el hombre.

–Flavio, es mi hija –dijo la madre.

–Hola, mucho gusto.

–El gusto es mío –dijo Liliana, mirándolo fijamente.

–¿Quieres un café? –le preguntó la madre a Flavio.

–Sí por favor. Gracias.

–Liliana, Flavio era un colega de tu padre. Van a tener una cena especial para honrar el trabajo de tu padre, «**Que en paz descanse**[56]»–dijo la madre un poco triste.

Liliana miró muy bien a Flavio. Ella lo había visto antes.

Mientras la madre le servía café a Flavio, ella

también miraba la foto de una mujer joven que había salido en el periódico.

---

[56] May He Rest In Peace

¡Qué pena! Su familia debió estar devastada –dijo la madre, reaccionando al artículo que leía.

–Sí, es un caso triste –dijo Flavio tomando el café.

–¿Qué pasó? –preguntó Liliana, curiosamente.

Su madre le mostró la foto del periódico.

–No encontraron a la joven desaparecida –respondió la madre.

«No encontraron a la joven desaparecida», se preguntó Liliana.

–Sí, una tal Alina–dijo la madre, pasándole a Liliana el periódico.

Liliana vio la imagen de la mujer, y **se acordó de**[57] ella inmediatamente.

–**Es una pena**[58] que no puedan encontrar a la joven –dijo Flavio, mirando a Liliana–. Las chicas jóvenes deben tener mucho cuidado en este pueblo…

---

[57] remembered

[58] what a shame

En ese momento, Liliana lo miró.

—«¡Es él!», pensó ella.

Flavio era el hombre que estaba hablando con Luciano la noche anterior. También era el hombre que la siguió al café.

Mientras Flavio y su madre conversaban, Liliana tomó el periódico y fue a su dormitorio. Se sentó sobre la cama mirando la foto una y otra vez. Pero, su investigación de la foto fue interrumpida. Liliana ya no volvió a escuchar a su madre. Se fue para la cocina. Cuando llegó allí, vio a su madre en el piso.

—Mamá, ¿estás bien? ¿Qué pasó? —preguntó Liliana, preocupada.

Su madre estaba limpiando el piso de la cocina.

—Nada, hija. Flavio tenía una sustancia negra en sus zapatos y la estoy limpiando. ¡Mi trabajo como madre nunca termina!

Liliana miró la sustancia negra en el piso y pensó en la mujer que vio la noche anterior en el sótano de Camilo. Ella también tenía una sustancia negra por todo el cuerpo. Inmediatamente pensó en **la leyenda**[59] de Las Sombras que circulaba por el pueblo. Nadie creía que la leyenda fuera verdad,

---

[59] legend

pero todo lo que estaba pasando últimamente parecía confirmar su existencia...especialmente la sustancia negra.

–¿Estás bien hija? ¿Por qué te ves tan asustada? La sustancia se quita fácilmente –dijo la madre.

Liliana no le respondió a su madre. Ella necesitaba hablar urgentemente con Camilo. Ahora estaba segura de que el padre de Camilo estaba involucrado en **asuntos muy turbios.**[60]

---

[60] involved in something sinister

Capítulo 7
La cadena

Unas horas más tarde, la madre de Liliana fue a una **cita**[61]. Su madre pensaba que su vida romántica era muy secreta. Pensaba que Liliana no sabía nada sobre su "novio", pero ella estaba muy equivocada. Liliana siempre leía secretamente los mensajes de texto de su madre. Sabía que tenía un romance con el psicólogo, el doctor Rodríguez.

Liliana había decidido ir a la fiesta. Se puso un vestido muy bonito y un poco de **maquillaje**.[62] Se veía como una modelo. Estaba sola en la casa cuando escuchó que alguien caminaba por la casa.

—Mamá, ¿se te olvidó el móvil otra vez? —dijo Liliana, riéndose.

Su madre era muy olvidadiza, especialmente cuando iba a sus "citas" secretas. Liliana continuaba maquillándose, cuando volvió a escuchar **las pisadas**[63]. Entonces, dejó de ponerse el maquillaje y bajó las escaleras para investigar el ruido.

---

[61] date

[62] make up

[63] footsteps

–Mamá, ¿eres tú? –dijo otra vez, mirando a su alrededor.

Liliana tenía los pelos de punta. Cuando giró para regresar a su dormitorio, vio una **cadena**[64] de oro sobre la mesa.

«Qué raro, no estaba allí antes», pensó Liliana al agarrarla.

La miró muy bien. Era una cadena con un objeto pequeño. El objeto era un gato. Ella estaba confundida.

«¿De quién era la cadena?», pensó.

En ese preciso momento, reflexionó sobre la expresión que usó el padre de Camilo durante su conversación la noche anterior:

«La curiosidad mató al gato».

---

[64] necklace/chain

Se cubrió la boca. El miedo le invadió otra vez. Todo parecía irreal. Ella comprendió que la cadena con el gato era una **amenaza**[65] para ella. Se quedó inmóvil, hasta que miró por las puertas de vidrio del patio. Había una persona con una máscara afuera.

Ella y el hombre se miraron a través del vidrio. En ese entonces Liliana se dio cuenta de que su madre no había cerrado bien la puerta.

La persona abrió lentamente la puerta y Liliana se fue corriendo escalera arriba. La persona misteriosa corrió detrás de ella, diciendo su nombre. Liliana entró a su dormitorio e intentó cerrar la puerta, pero la persona puso su pie en la puerta, de modo que ella no podía cerrarla.

–Liliana, ¿por qué corres? –dijo la persona al final.

En ese momento, ella miró el cuerpo de la persona y notó que era Juan, su novio.

–¡Qué susto! –gritó Liliana–. ¿Por qué llevas una máscara? –dijo, respirando fuertemente.

–Ay, que no sabes, la fiesta de Andrés se llama "Las apariencias engañan." Aquí tengo tu máscara –le dijo Juan.

---

[65] threat

Él notó que ella tenía una cadena en la mano. Inmediatamente, pensó que Liliana tenía otro «amorcito».

–¿Quién te ha dado una cadena? –preguntó Juan, en un tono celoso.

–…Es un regalo de mi madre.

–Pero, no te gustan los gatos…además, eres alérgica. Qué regalo tan raro…Y tu mamá, ¿está con su novio secreto? –preguntó Juan.

–Sí, ya se fue con el doctor.

–Ja, ja. Tu madre y sus secretos. Pues, es verdad. Todos tenemos *un muerto en el armario*–. Pero tú no tienes ningún muerto en el armario, ¿verdad mi amor?

–No, Juan. No tengo un muerto en el armario, pero yo creo que tú sí lo tienes.

Juan pensó en su relación secreta con Juliana del año pasado y quería cambiar el tema.

–No tengo secretos y solo tengo ojos para ti mi amor. No quiero más secretos en nuestra relación. Yo no quiero ser como Camilo.

–¿Qué pasa con Camilo? –preguntó Liliana.

–Pues, no te lo debo decir, pero le está poniendo los cuernos a Salomé. Tengo su móvil y él tiene mensajes de texto de otra chica. ¡Los mensajes son muy románticos! –dijo Juan.

Liliana no dijo nada. ¡Los mensajes eran de ella!

–Camilo es un tigre de verdad –dijo Juan con admiración–....Bueno, ¿lista para la fiesta?

–Sí, vámonos.

–Espera, ponte la máscara –dijo Juan, dándole la máscara para la fiesta de Andrés.

Ella se ajustó la máscara y los dos entraron al carro de Juan. Juan la miró y le dijo:

–Esta noche va a ser la mejor noche de tu vida.

–No lo dudo –dijo Liliana, secamente.

Ella lo miró e intentó sonreír. Luego, se fueron para la fiesta de Andrés.

Capítulo 8
La fiesta de Andrés

Todos se divertían en la fiesta de Andrés. Los chicos hablaban y bailaban al ritmo de las nuevas canciones de la música latina. Hacía mucho calor y Liliana quería salir de la fiesta para tomar un poco de aire. También, quería escapar de la **mirada**[66] acusadora de Salomé. Después de varias canciones, ella vio su oportunidad de escapar. Juan estaba hablando con sus amigos cuando Liliana lo interrumpió.

–Voy a salir un momentico –le dijo Liliana.

Pero, Juan no la escuchó y continuó hablando con sus amigos.

Ella salió de la fiesta y se fue caminando hacia el bosque. Caminó tanto que no se dio cuenta de que había llegado un poco lejos de la casa de Andrés. Estaba totalmente **rodeada**[67] por los árboles. De repente, escuchó las **pisadas**[68] de alguien que se acercaba a ella. Miró entre los árboles.

–¿Hay alguien allí? –preguntó Liliana.

---

[66] look

[67] surrounded

[68] footsteps

Ella tenía la sensación de que alguien la estaba siguiendo como la noche anterior al café. De repente, vio a alguien entre los árboles. Se le acercaba. Ella se asustó. Empezó a correr.

–¡Liliana! Soy yo, Camilo.

Ella dejó de correr. Estaba respirando fuertemente.

–¡Qué susto! –gritó Liliana.

Camilo la abrazó.

–¿Alguien te vio salir de la fiesta? –preguntó Camilo.

–No, nadie me vio. Salí por un momento pero tengo que regresar. Juan estaba hablando con sus amigos.

–Tampoco me puedo quedar. Estoy castigado. ¿Lo puedes creer?

–Entonces, ¿cómo saliste de la casa? –preguntó Liliana.

–Mi padre se fue con un amigo y yo me escapé de la casa –respondió Camilo.

Ellos caminaron al lado del bosque. Llegaron al lago. Era un **lago**[69] grande y tranquilo dónde podrían estar solos.

El agua brillaba. Era como si tuviera diamantes en el fondo.

–Qué bonito –exclamó Liliana.

La vista bonita la hizo olvidar de sus problemas por un momento. Se sentaron cerca del lago.

---

[69] lake

–Sé que Salomé va a hablar con Juan. Ella dijo cosas muy feas sobre mí en Instagram. ¡Ella quiere un escándalo!

–Tranquila. Salomé no le va decir nada a Juan. Ella tiene secretos más oscuros que «una traición». Si ella habla, voy a contar todos sus secretos…y son muchos –dijo Camilo con una sonrisa maliciosa.

Liliana no decía nada. Pensaba en otra persona que tenía «un muerto en el armario»: Luciano, el padre de Camilo. Ella quería hablar con Camilo, pero tenía dudas porque él era su padre y pensó que Camilo no le creería.

–Liliana, ¿qué te pasa? –preguntó Camilo, notando que ella no ha hablado.

–Camilo, tengo que decirte algo…sobre tu padre – dijo Liliana nerviosamente.

–¿Mi padre? ¿Otra vez con eso? –dijo Camilo–. ¡No había ninguna mujer en el sótano!

–Camilo, sí había una mujer allí. Además, cuando salí de tu casa, tu padre estaba afuera.

–Lo sé…me lo dijo– respondió Camilo.

–Pues…él me amenazó.

–¿Mi padre te amenazó? ¿Cómo?–preguntó Camilo.

Ella le dijo todo lo que había pasado ese día. Camilo estaba sorprendido, pero no lo podía creer.

En ese momento, Liliana
sacó la foto del periódico.
—¿Es Alina? —preguntó
Camilo, mirando la foto .
—¿La conoces? —preguntó
Liliana.

—Pues no. La vi una vez en el consultorio de mi
padre. Su madre trabaja en la escuela. Pensé que ella
se había escapado con su novio —reveló Camilo.

—Camilo, ¡es la misma mujer que vi en el sótano
de tu casa! —exclamó Liliana.

—¡No puede ser! —dijo Camilo, incrédulo.

Camilo miraba la foto en silencio.

—Hay otra cosa. Creo que tu padre tiene algo que
ver con la muerte de mi padre —dijo Liliana.

En ese momento, Camilo se levantó rápidamente.

—¡¿Qué?! Liliana, eso es absurdo. Primero dices
que mi padre tiene una mujer en el sótano.., la de
esa foto. Ahora dices que mi padre te amenazó,
como si fuera un «criminal mafioso». Entonces, ¡mi
padre es un asesino! ¡Qué loco!—dijo Camilo.

—Camilo, es verdad. Tienes que creerme —le dijo
Liliana.

—Te amo Liliana, pero todo esto me parece
mentira. Tú y yo tenemos una relación secreta y

ahora ¿estamos en medio de una película con un doctor asesino...que es mi padre? ¡Por favor!

Liliana quería decirle sobre Flavio, pero decidió no decirle nada. No quería que él pensara que todo era un **cuento chino**.[70]

—¿Por qué te voy a mentir? ¿Por qué? Dime –dijo Liliana llorando.

Camilo pensó en su versión de la historia. Ella tenía razón, no tenía por qué mentir. Pero, era un cuento de fantasía. Él conocía muy bien a su padre. Era un doctor respetado del pueblo. Era imposible que tuviera algo que ver con la muerte del padre de Liliana o que tuviera una mujer muerta en el sótano. Camilo pensó que tenía que haber una explicación en todo eso. Pero, como Liliana estaba casi segura, decidió no discutir más con ella.

—Ven aquí mi amor –le dijo, dándole un abrazo–. Voy a investigar, te lo prometo. Te voy a proteger –dijo Camilo, abrazándola.

—Gracias...por creerme. Te quiero Camilo –dijo Liliana.

—Te quiero más –dijo Camilo.

Liliana y Camilo se besaron hasta que escucharon unas pisadas que venían del bosque.

---

[70] make-believe story

–¿Qué fue eso? –preguntó Liliana, con una expresión aterrada.

Ella miró hacia el bosque.

–No sé y no me importa –le dijo Camilo, acercándose más a Liliana intentando besarla otra vez.

Su intento fue interrumpido por el mismo ruido que venía del bosque. Esta vez, el ruido fue más fuerte. Se dejaron de besar.

–¿Qué fue eso? –preguntó Camilo, mirando hacia el bosque otra vez.

–Camilo, tengo miedo –dijo Liliana, tomando la mano de Camilo–. Yo debo regresar a la fiesta. ¿Qué tal si es Juan, o Salomé que nos está espiando?

–No –dijo Camilo, mirando a su alrededor–.Espera aquí.

Camilo quería demostrarle que podía protegerla.

Él se levantó, tomó una **rama**[71] grande que estaba al lado del lago y caminó hacia el bosque para ver de dónde venía el ruido. Él estaba furioso porque el ruido había interrumpido su momento con Liliana.

Camilo regresó dos minutos más tarde.

---

[71] branch

–Fue un **venado**[72] corriendo –dijo
Camilo, tirando la rama grande.

–Tengo que regresar a la fiesta. Juan
me mandó un mensaje de texto –dijo
Liliana, mostrándole el mensaje de texto a
Camilo–.Quiero hablar con él ahora mismo. Quiero
aclarar las cosas.

–Vale. Yo también quiero ser honesto con él. Pero,
primero tenemos que hablar sobre nuestro plan con
Juan –recomendó Camilo–. Él tiene una personalidad
muy explosiva.

Hablaban sobre la situación de Juan, cuando
volvieron a escuchar el mismo ruido del bosque.

–¿Qué está pasando aquí? –preguntó Camilo,
furioso–. Quédate aquí. Voy a ver qué es.

«Ese animal va a morir esta noche», pensó furioso.

Camilo se levantó y agarró la rama de nuevo.
Fue a investigar el ruido. Liliana lo miró mientras él
entraba más al bosque, desapareciendo entre los
árboles.

En los próximos minutos, el cielo **se
oscurecía**[73] más de lo normal. Liliana miró hacia

---

[72] deer

[73] got darker

arriba y vio que una **luz fugaz**[74] iluminaba el cielo oscuro. El lago parecía iluminarse más también. De repente, ella vio una gran nube negra subir encima del lago. Crecía en dimensión. Ella miró con asombro porque nunca había visto una nube así. En ese instante, una **ráfaga**[75] de calor le **acarició**[76] la cara.

Ella miró hacia el bosque y no vio a Camilo. Ella estaba muy nerviosa.

—¡Camilo! ¡Camilo, vámonos ya! —gritó Liliana, mirando la nube negra que estaba creciendo.

Pero Camilo no respondió.

—Camilo, tengo miedo —gritó Liliana otra vez, mirando a su alrededor.

---

[74] fleeting light

gust of hot wind

[76] caressed

Capítulo 9
La bella durmiente[77]

La mañana siguiente era muy tranquila. Las olas[78] del lago, se **chocaban**[79] gentilmente. Los pájaros volaban sobre el lago buscando peces. Y cerca de la orilla del lago, había una chica joven. Ella no estaba sola en el lago. Había un joven a su lado. El joven se despertó. Miró hacia el cielo, levantando el brazo para bloquear los rayos del sol.

–Me duele la cabeza–dijo, intentando levantarse.

Él abrió los ojos poco a poco, pero los fuertes rayos del sol, lo obligaron a cerrarlos. Vio a una persona a su lado, pero el sol hizo que la persona pareciera una sombra flotando sobre el agua.

---

[77] sleeping beauty

[78] waves

[79] crashed into each other

Entre cada **parpadeo**[80], Camilo intentaba reconstruir lo que pasó la noche anterior. Lo último que él recordó fue que hablaba con Liliana y después había un ruido que venía del bosque. Pero después de esto, él no recordaba nada más.

–¿Por qué nos quedamos aquí en el lago?, se preguntó a sí mismo.

Levantó la cabeza un poco y observó su ropa. Él tenía la misma ropa de la noche anterior. Miró a su alrededor y todo le parecía muy normal. Él miró a Liliana.

–Mi amor –dijo con dolor de cabeza–. Tú pareces como una bella durmiente. Si yo no tuviera este dolor de cabeza, te daría muchos besos.

Liliana no respondió ni rio de sus comentarios románticos. Pareció que ella estaba pensando en algo muy serio.

–Estás frustrada conmigo ¿verdad? –preguntó él.

Camilo supo que ella estaba frustrada por la discusión sobre su padre que tuvieron la noche anterior. Antes de que Liliana pudiera responder, Camilo le dijo:

–Espera, Lili. No hables, solo escucha. Te quiero y siempre te he querido. Voy a hablar con Juan.

---

[80] blink

También voy a investigar lo que está pasando con mi padre. Es que todo lo que me dijiste anoche...me parecía casi mentira. Mi padre ayuda a las personas, no lastima a las personas.

Liliana no le respondió y Camilo no le podía ver la cara por el sol.

–Perdón, lo siento mi amor. Te amo mucho –dijo Camilo al acercarse a Liliana.

En ese momento, le robó un beso.

Mientras la besaba, Camilo sintió un escalofrío[81]. El aliento[82] de Liliana era muy distinto. Los labios de ella estaban fríos. Además, tenía ceniza negra sobre su ropa, casi la misma que tenía su padre hacía unos días.

Camilo dejó de besarla. Se levantó rápidamente, limpiándose la boca. De repente, el dolor de la cabeza se convirtió en un dolor profundo en el corazón.

–¿Qué está pasando aquí?–gritó Camilo, mirando a Liliana.

En ese instante, una nube cubrió el sol y por fin Camilo pudo ver la cara de Liliana. Camilo miró

---

[81] chill down his spine

[82] breath

sus labios. El pintalabios **rojo**[83] exuberante de la noche anterior, se había desaparecido. Ahora, sus labios tenían el maquillaje de la muerte. Camilo se cubrió la boca. No podía hablar. La miró otra vez y notó que ella no parpadeaba, tampoco reaccionaba. Camilo en un acto desesperado la **sacudió**[84].

–Liliana, despiértate, despiértate. ¿Esto es una broma?

Pero ella no se despertó. No dijo nada.

Liliana **se unió**[85] al silencio de la mañana.

---

[83] red lipstick

[84] shook her

[85] joined

Capítulo 10
Liliana

Camilo estaba desesperado. No sabía qué hacer. Sacó el móvil. Solo le quedaba un poco de batería. Marcó el número de la policía.

–¿Cuál es su emergencia? –respondió la operadora.

Camilo no le respondió. Cuando escuchó la voz de la operadora, pensó más en la situación. Miró hacia la casa de Andrés. Miró el cuerpo de Liliana y pensó que él sería el **sospechoso principal**[86].

Apagó el móvil. Caminaba hacia la casa de Andrés, cuando vio algo moverse por el bosque.

–¿Quién está allí? –preguntó, mirando entre los árboles.

No tuvo tiempo de investigar quién era. Tampoco tuvo tiempo de decirle «adiós» de Liliana. Caminó hacia la casa de Andrés. Cuando llegó, llamó a la puerta. Pero nadie le contestó. Al mirar hacia el segundo piso de la casa, vio que alguien lo miraba por la ventana. Era Salomé.

–Salomé, ¿quién es? –preguntó Andrés.

–Es Camilo –dijo ella.

–No le abras la puerta...pueden ser...–dijo Marisa, pensando en lo que ella vio la noche anterior.

---

[86] prime suspect

–¿*Las sombras*? Es un mito. Es un cuento chino. Le voy a abrir la puerta. Es nuestro amigo –dijo otro amigo.

–¡Que no! –dijo Andrés al ponerse de pie–. No podemos dejar entrar a nadie hasta que sepamos qué fue lo que vimos anoche –dijo Andrés.

–¡Tenemos que llamar a la policía! Dos de nuestros amigos no volvieron anoche –dijo otro amigo.

–Son tres…Juan tampoco está en el sótano –dijo Salomé.

Todos se miraron en silencio.

Después de mirar a Salomé, Camilo corrió a su carro. Se fue para su casa.

Camilo tenía tanto miedo cuando entró a su casa. Por suerte, no había nadie en la casa. Fue directamente al baño. Se quedó en la ducha por horas, tratando de quitarse la ceniza negra. Intentaba recordar lo que había pasado la noche anterior.

En el bosque

Unas horas más tarde, una figura oscura salió del bosque. Se trasformó en persona y se acercaba al cuerpo de Liliana. La miraba por unos minutos.

–Te dije que estabas en peligro. ¿Por qué no me hiciste caso? –le dijo la persona.

Él miró la ceniza sobre su cuerpo. La ceniza era el primer paso en el proceso de la extracción.

Nico se agachó y habló al oído de ella.

–No tenemos mucho tiempo. Te voy a ayudar. Estoy de tu lado…ellos no saben…y no pueden saber que te voy a ayudar…Liliana.

Nico era el único que podía ayudar a Liliana.

Se agachó para quitarle la ceniza negra, cuando vio que cuatro policías caminaban hacia él.

–¿Quién es usted? **Aléjese**[87] del cuerpo –dijo el oficial Valdez, corriendo hacia Nico.

En ese momento, Nico se fue corriendo. Los policías corrieron detrás de él, pero él desapareció, transformándose otra vez en una sombra.

–¿Adónde se fue? –le preguntó el policía al otro. Los dos estaban perplejos.

–No sé…estaba aquí y después ya no estaba –dijo el policía, mirando alrededor del bosque.

–Pues, ¡Atrápenlo! –les dijo el sargento Valdez. Los dos oficiales corrieron por el bosque, buscando a Nico.

–¿Qué tenemos aquí?– preguntó Valdez, sacando los guantes plásticos.

---

[87] get away from

–Parece ser un cuerpo de una chica –dijo oficial Pumarejo.

–¿Otra chica? –dijo Valdez, incrédulo.

El sargento Valdez se acercó al cuerpo y vomitó inmediatamente.

–Sargento, ¿está usted bien? –preguntó Pumarejo.

–¡Caray! ...¿Qué le pasó a esta pobre chica? –dijo Valdez, mirando a Liliana.

El sargento continuó hablando.

–Pumarejo, ¿usted está viendo esto?

En ese momento, Pumarejo miró fijamente la cara de Liliana.

–¡¿Dónde están sus ojos?! –preguntó Pumarejo.

–¿Por qué tiene una ceniza negra en su cuerpo? ¿Es del bosque? –preguntó Valdez.

Los dos se miraron perplejos.

–Hay algo que **no me cuadra aquí**[88]...hay una chica desaparecida, una muerta...¿Qué está pasando? –preguntó Pumarejo, escribiendo los detalles de la escena de crimen.

–Es verdad. Aquí hay un gato encerrado –dijo Valdez, furioso.

–Voy a llamar a la forense especial –comentó Pumarejo, sacando su móvil.

---

[88] something does not make sense to me

–Buena idea…Y no vamos hablar con la familia todavía. Necesitamos respuestas…Hay algo siniestro pasando aquí en el pueblo y lo vamos a descubrir – dijo Valdez, al mirar el cuerpo de Liliana.

Capítulo 11
El bosque

La noche anterior...

–¡Camilo! –gritaba Liliana una y otra vez. Pero, su voz entró al bosque e hizo un eco entre los árboles.

Liliana decidió esperar unos minutos más, pero Camilo nunca salió del bosque. Ella se acercaba a la parte más densa del bosque cuando vio a alguien.

–Camilo, ¿eres tú? –preguntó, mirando a la figura mientras se movía hacia ella.

De repente, la curiosidad se convirtió en terror. No era Camilo sino una **figura oscura**[89]. Ella empezó a correr. Corrió de lo más rápido que pudo. La figura corrió detrás de ella, convirtiéndose en una

---

[89] shadowy figure

persona. Era Flavio. El hombre que ella vio con el padre de Camilo y el mismo que la había visitado esa mañana.

–**Déjame en paz**[90] –dijo Liliana, corriendo.

–Sí, quiero dejarte en paz...y muy pronto –dijo Flavio.

Liliana se cayó. Miró hacia arriba. Estaba atrapada en medio de una nube negra. Vio llegar más figuras oscuras.

Con los ojos grandes, recordaba la leyenda y dijo:

–**Las Sombras**[91] existen...

Las Sombras empezaron a comunicarse el uno con el otro, con Flavio en medio de ellas. Hablaban un idioma distinto que no era un idioma humano.

«Mu Mak dogihena» (Ya la tenemos).

«Ubiki hi principi ja dogihena» (La extracción va a empezar pronto con ella...y con los otros).

–¿Qué dicen? ¿Quiénes son? ¿Qué me van a hacer? –preguntó Liliana, asustada. Ella esperaba el momento para escaparse del círculo.

---

[90] leave me alone/ let me be in peace

[91] the Shadows

Ella intentó correr, pero, Flavio la agarró por el brazo.

—¡No!...¡No!...¡Suéltame! —gritó ella, golpeándole.

—No grites, solo quiero tu alma... no pasa nada —le dijo Flavio, con una sonrisa maliciosa.

—¿Mi alma? ¿Qué está pasando? ¿Por qué me está sujetando?

—No te preocupes por eso...Me recuerdas mucho a tu padre, con tantas preguntas —dijo Flavio.

Liliana continuó golpeándole. De repente, le dio un golpe en la cara y finalmente se escapó.

Corrió por el bosque. *Las Sombras* flotaron detrás de ella, pero Flavio les dijo:

—Daki eru dogihena (No la atrapen).

Liliana había corrido lejos. Después de correr tanto, se dio cuenta de que ya no había nadie detrás de ella.

«¿Qué fue eso?», dijo Liliana en voz baja, mirando a su alrededor. Estaba aterrada y sus manos le temblaban.

Miró hacia los árboles y no vio a Flavio ni a *Las Sombras*. Se sentó en el **suelo**[92] del bosque con las manos temblando. Intentaba sacar el móvil, pero

---

[92] floor

se le cayó. Estaba tan aterrada que no podía agarrar bien el móvil.

De repente, vio una luz al fondo del bosque.

«¡La casa de Andrés!», dijo en voz baja.

Ella intentó recordar las técnicas que le enseñó el psicólogo; Repetía «respira y cuenta hasta diez».

Miró otra vez para confirmar que no había nadie en el bosque. Se levantó lentamente del suelo para correr hacia la casa de Andrés. Pero en ese momento alguien la agarró por **el tobillo**[93].

Lentamente, miró hacia el suelo para ver quién era.

–¿Camilo?…¿Qué te pasó? –le gritó, pero Camilo estaba inmóvil.

–Ayúdame. ¿Dónde estamos? –preguntó Camilo con los ojos cerrados.

Ella intentó ayudarlo, pero él estaba casi inmóvil.

–Camilo, voy a la casa de Andrés. Regreso pronto. –le dijo en voz baja.

Cuando ella se levantó para correr a la casa de Andrés, vio a *Las Sombras*, acompañadas por Flavio y dos personas más.

–Esta vez, no te vamos a dejar escapar –dijo Flavio.

---

[93] ankle

Liliana miró a la otra persona que estaba con ellos. No podía creer quién era.

–Tú, ¿qué haces aquí? Estás con...

–Ya tenemos que iniciar el proceso –dijo la persona misteriosa. No tenemos mucho tiempo. Todo ya está listo.

Liliana ya no podía correr porque estaba rodeada por *Las Sombras* y sus cómplices humanos. Estaba asustada y exhausta.

–Existen *Las Sombras*...–repetía ella incrédula, con los ojos grandes.

–Existimos y te necesitamos para continuar nuestra civilización. Los humanos no son los únicos que les gusta experimentar –dijo Flavio, acercándose a Liliana.

–Y yo te necesito para la ciencia –dijo Luciano–. Flavio, **matamos dos pájaros con un solo tiro**.[94]

–Me encantan las expresiones humanas... pero, me encantan más las almas...

Todos venían hacia ella. En ese momento, Liliana **soltó**[95] un **grito desgarrador**[96].

---

[94] we kill two birds with one stone

[95] let out

[96] terrifying scream

Al día siguiente

Liliana estaba al lado de la orilla del lago. Su cuerpo estaba congelado. De repente, se le abrieron los ojos y la boca. …Una Sombra salió de su boca, cubriendo su cuerpo con ceniza negra. Fue el inicio de la extracción de su alma…

¿Fin?

Descubre lo que pasará en la próxima novela: *Las Sombras*.

Glosario

abrazar- to hug
acercarse -to get close to
afuera- outside
agarrar- to grab
agrandar- to become large
agacharse- to bend down
alguien- someone
alrededor- around
anterior- before
amenaza- threat
apariencias -appearances
árboles- trees
armario- closet
arriesgar- to risk
asustarse -to get scared
aterrado(a)- terrified
a través- through
aunque- although
beso- a kiss
besarse- to kiss each other
cambió- s/he changed; you changed
caminaron- they walked
callada -silenced
cadena- chain
correr- to run
canciones-song
cara- face
castigado- grounded; punished
cena -dinner
cayó-s/he fell; it fell
ceniza- ash
cielo- sky
coche- car
colega- colleague
colegio -school

comedor -dining room
confiar- to trust
confundido (a)- confused
conocer- to know
conocía- s/he knew; you knew
consultorio- doctor's office
contó- s/he told; you told
contraseña- password
chismoso- gossipy
corazón- heart
creer- to believe
cuento- story
cuerpo- body
darse cuenta- to notice
debió -should be/must be
decepcionaste -you disappointed (me)
decir- to tell
deportes- sports
dejó de besar- s/he stopped kissing
desaparecerse- to disappear
diamantes
desaparecidos- disappeared
dañó- s/he harmed; damaged
dejarse
dio- s/he gave; you gave
descubrió-s/he discovered; you discovered
divertirse- to have fun
dolor- pain
duda- doubt
empezó -s/he started; you started
encontraron- they found
entre- between
equipo- team

equivocado (a)- mistaken
equivocarse -to be mistaken
eran- they were; you all were
escondido (a)-hidden
escuchaba- s/he was listening
espiar- to spy
espiando -spying
escaleras- stairs
estaré- I will be
estatura- height/ stature
estrella- star
estuvieron- they were
extraño -weird
fijamente- intently
fue- s/he was; it was
fuiste- you went; were
fondo -background
feo (a)- ugly
gato- cat
giró-s/he turned around
Le gustaba- s/he liked
haber- to be
había escrito- s/he had written; you had written
había recordado- s/he had remembered; you had remembered
habitación- room
hablar - to speak
hacia- toward
hacían -they were doing/making; you were doing/making
haría -s/he will do; will make
helados -frozen
hoyo- hole
hubo- there was
Iba- s/he was going
involucrado -involved (in something)
joven- youth; young person

leí- I read
lago- lake
llegar- to arrive
limpiar-to clean
leyenda- legend
lugar- place
luna- Moon
mayoría -the majority
maquinas- machines
mejores- best (plural)
mensaje -message
maquillaje -makeup
mensajes -messages
máscara- mask
meneando- shaking; wiggling
miedo- fear
mintió- s/he lied ;you lied
montañas- mountains
mostró -s/he
ningún- none
normas-rules
nadie- no one
novia- girlfriend
novio- boyfriend
nube-cloud
orilla- shore
olvidadizo(a)- forgetful
olvidarse- to forget
ojalá- I wish…
para- stop (command)
parece -it seems
pensaba- s/he thought; you thought; I thought
pasó- it happened
pegar- to hit
pena- shame; pity
pensaron- they thought; you all thought
podría- s/he could; you could
preocuparse- to be worried

prometió- s/he promised; you were promised.

proteger-to protect

periódico -newspaper

parpadeando - blinking

puerta- door

pueblo- town

quinto- fifth

quemando -burning

quemarse- to burn

qué susto- what a scare!

quitarse-to take something off

rama- branch

razones- reasons

respirando- breathing

recordar -to remember

regalo -gift

rico- rich (food)

riéndose- laughing

ruido- sound; noise

sala- living room

salí- I left

salir- to leave

siguió- s/he followed

socio- associate

sol- sun

sonrisa -smile

sonreír -to smile

sótano -basement

sorprendido (a)-surprised

suéltame- let me go

tenían -they had; you all had

tobillo

temblaban- they trembled; you all trembled

todo- all

tiró -threw

toqué -I touched

tomar -to take

tema -theme

traicionar - to betray

único - only

venganza- vengeance

venado -deer

venir- to come (to)

ventana- window

ver- to see

verdad -truth

viento -wind

vestido -dress

volvió -returned

vida-life

voz- voice

vista- view

¡Gracias por leer!

A.C. Quintero

Check out more titles!

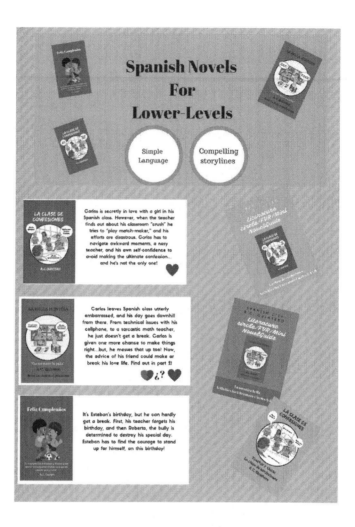

Spanish Novels
For
Lower-Levels

Simple Language

Compelling storylines

Carlos is secretly in love with a girl in his Spanish class. However, when the teacher finds out about his classroom "crush" he tries to "play match-maker," and his efforts are disastrous. Carlos has to navigate awkward moments, a nasy teacher, and his own self-confidence to avoid making the ultimate confession... and he's not the only one!

Carlos leaves Spanish class utterly embarrassed, and his day goes downhill from there. From technical issues with his cellphone, to a sarcastic math teacher, he just doesn't get a break. Carlos is given one more chance to make things right...but, he messes that up too! Now, the advice of his friend could make or break his love life. Find out in part 2!

It's Esteban's birthday, but he can hardly get a break. First, his teacher forgets his birthday, and then Roberto, the bully is determined to destroy his special day. Esteban has to find the courage to stand up for himself, on this birthday!

Spanish Novels For Upper-Levels

Comprehensible Language

Compelling storylines

Camilo, one of the sweetest boys in Buena Vista, is wearing a mask. His girlfriend discovers his double life; but, he isn't the only one with compromising secrets. His house harbors a bigger secret that has haunted the town for years. "Las apariencias engañan" reveals the timeless truths that: things are never what they seem.

We've all heard the old adage, "If you play with fire, you will get burned." But some teens like to test the flames... Camilo is one of them. As his mask slowly starts to crack, his grip on reality is slipping away, and the door to his "closet" slowly opens, revealing fragments of his secret life and that of his family's. "El Armario" affirms that no one is perfect and we all have skeletons in the closet... But some bones are bigger than others.

Can an obsession with technology, turn deadly? Well, these techy teens are about to find out. Federico and his friends have an insatiable desire to "capture" and "record" every memorable moment. However, not all memories are created equal, and these boys are about to discover this harsh reality. Find out in "El Escape".

17015312R00047

Made in the USA
San Bernardino, CA
18 December 2018